コウペンちゃんとまなぶ

日本の美しい言葉

［監修］ 金田一秀穂（言語学者）
［イラスト］ るるてあ

KADOKAWA

はじめに

この本は、コウペンちゃんたちと一緒に、日本で古くから使われてきた美しい言葉たちをゆったり楽しむ本です。

「古くから伝わる？　古典は苦手なんだけど…」と思う人もいるかもしれませんが、心配はいりません。

古くから伝わる日本語は、まるでコウペンちゃんの作品世界のように、奥ゆかしくてやわらかな表現の宝庫。コウペンちゃんたちと一語一語を味わっていくうちに、いつの間にか心が元気になってくることでしょう。

この本では、四季の繊細な移り変わりを表す言葉をはじめ、自然や時の流れの豊かさを感じさせてくれる言葉、気持ちを表す言葉など、全部で２２４語を集めました。

中には、あまり普段使いされなくなった表現もありますが、言葉の響きが美しくて、意味を知るとなんだか心が温かくなるものを選んでいます。

新しい言葉との出合いは、あなたの心に彩りや潤いを与えてくれるはず。

ぜひ、気になった言葉を口に出して楽しんだり、使い方の例を参考に、生活の中で使ってみたりしてください。

さあ、コウペンちゃんたちと一緒に、日本の美しい言葉をのんびり味わってみましょう。

この本の読み方

意味

言葉の基本的な意味を載せています。

言葉

コウペンちゃんの作品世界にぴったりで、心が洗われるような美しい言葉を224語選んでいます。

春めく
（はるめく）
意味
より春らしくなってきたと感じられる三月の初めごろ。
使い方
すっかり春めいてきたので、コートをぬいでお出かけしましょう。
解説
同じように春の初めの時期を表す「早春」や「春浅し」とはちがって、「春めく」には生き物たちが動き出すような気配が感じられます。
春《はる》めいてきたものだなぁ…
8
CHAPTER 1 春 うららかな季節だなあ
北窓開く
（きたまどひらく）
意味
冬の間、寒気や風を防ぐために閉め切ってあった北側の窓を、春の気配がおとずれるのを待って開け放つこと。
解説
閉め切っていたカーテンを開くと、急にまぶしい太陽の光が部屋いっぱいにさしこみ、窓を通りぬける風も生き生きと感じられ、いっきに春の気分を感じることができます。特に雪国では、長い雪との生活からの解放感があり、春をむかえる喜びもひとしおです。
や、闇《やみ》のエネルギーが逃げてしまう！
換気《かんき》してえらい！
9

解説

由来などを解説しています。あわせて読んでみてください。

使い方

普段の生活で使える言葉には例を載せています。メールやちょっとした会話に添えられたら、もっと優しい気持ちになれるはず。

読み方

言葉の響きが美しいものを選んでいるので、ぜひ口に出してみてください。ちょっぴり変わった読み方をする言葉もあります。

この本に登場する
コウペンちゃんと仲間たち

ククク…
我《おれ》こそは不幸《ふこう》を
呼《よ》ぶ邪神《じゃしん》…
邪《よこシマ》エナガである!

邪《よこシマ》エナガさん
邪悪《じゃあく》に憧《あこが》れているシマエナガさん。
コウペンちゃんの頭《あたま》の上《うえ》がアジト ←ココ!
サボテンの邪《じゃ》ボテンさんが眷属《けんぞく》。

ぼくは君《きみ》の
味方《みかた》なんだよ~

コウペンちゃん
なんでも褒《ほ》めてくれるコウテイペンギンの赤《あか》ちゃん。
いっぱいいてどこにでもいる
四《よ》つ葉《ば》のクローバーを見《み》つけるのが得意《とくい》

すごい!
はなまるを差《さ》し上《あ》げます!!

大人《おとな》のペンギンさん
大人《おとな》のコウテイペンギンさん。
空《そら》を飛《と》ぶことを夢見《ゆめみ》て、日々《ひび》努力《どりょく》を重《かさ》ねている
コウペンちゃんとの関係《かんけい》は不明《ふめい》。

足《あし》をあっためろ
足《あし》を!

アデリーさん
目《め》がこわいアデリーペンギンさん ギンッ
ぶっきらぼうでせっかち。
料理《りょうり》が好《す》き。

君《きみ》はとっても
えらいんだよ

教《おし》えてくれるタイプのシロクマさん
知《し》っていることを教《おし》えてくれるシロクマさん。
宇宙《うちゅう》と読書《どくしょ》が好《す》き。
体《からだ》にポケットがあるらしい。

CONTENTS

CHAPTER

1

春

うららかな季節だなあ

春のおとずれを感じる、ほのぼのとして奥ゆかしい言葉を集めました。

全《すべ》てを解決《かいけつ》する
つくし、
あげる〜！

春めく

（はるめく）

意味　より春らしくなってきたと感じられる三月の初めごろ。

使い方　すっかり春めいてきたので、コートをぬいでお出かけしましょう。

〈解説〉同じように春の初めの時期を表す「早春」や「春浅し」とはちがって、「春めく」には生き物たちが動き出すような気配が感じられます。

春《はる》めいてきた
ものだなぁ…

北窓開く

（きたまどひらく）

意味

冬の間、寒気や風を防ぐために閉め切ってあった北側の窓を、春の気配がおとずれるのを待って開け放つこと。

〈解説〉

閉め切っていたカーテンを開くと、急にまぶしい太陽の光が部屋いっぱいにさしこみ、窓を通りぬける風も生き生きと感じられ、いっきに春の気分を感じることができます。特に雪国では、長い雪との生活からの解放感があり、春をむかえる喜びもひとしおです。

や、闇《やみ》のエネルギーが逃《に》げてしまう！
換気《かんき》してえらい！

春告げ鳥

（はるつげどり）

意味　うぐいすのこと。

〈解説〉

早春になると山から里に現れて、「ホーホケキョ」と美しい声で鳴くため、昔から春のさきがけとして親しまれ、「春告げ鳥」と呼ばれます。初音《はつね》は二月初旬《しょじゅん》ごろで、三月になるとさえずりが整い、四月には山に帰ります。

うぐいすは異名が多く、経《きょう》よみ鳥、花見鳥、歌よみ鳥などがあります。

春の曙

（はるのあけぼの）

意味

春の夜明けの、東の空が白みかけるころ。

〈解説〉

平安《へいあん》時代の作家・清少納言《せいしょうなごん》は、『枕草子《まくらのそうし》』の冒頭で「春は曙。やうやう白くなりゆく山ぎは、少しあかりて、紫《むらさき》だちたる雲の細くたなびきたる」と書いています。春は、日の出前の空が明るくなるころが、いちばん美しいのだという意味です。季節のうつろいを味わうことができるのは、四季のある日本のすてきなところですね。

自分《じぶん》で起《お》きられたの？
えら〜い!!

おや！
コウペンちゃん、
スミレが
咲《さ》いてますね！
きれいだね～！

風光る

（かぜひかる）

意味 うららかな春の日に、風がきらきらとかがやいているように見えること。

草青む

（くさあおむ）

意味 春になって草が青々と地上にもえ出て来ること。

初蝶

（はつちょう）

意味 春になって、その年に初めて見かける蝶。

〈解説〉春の初めには、モンシロチョウやモンキチョウなどが多く見られます。

沈丁花

（じんちょうげ）

意味 ジンチョウゲ科の常緑《じょうりょく》低《てい》木《ぼく》。

〈解説〉三月から四月ごろ、強い香りにひかれて沈丁花の花がさいたと気づくことがあります。

木の芽時（このめどき）

意味　春の初め、さまざまな木の芽ぶく時節のこと。

〈解説〉芽ぶきは地方や木の種類によりおそい早いがありますが、大方は三月か四月の初めごろです。

東風（こち）

意味　春に東からふく風。

〈解説〉早春に春のおとずれを告げる風であり、春を象徴《しょうちょう》する風のことです。

水温む（みずぬるむ）

意味　寒さが去って、川や湖の水が温かくなること。

〈解説〉水の中では水草が芽を出し、底にひそんでいたフナなどの魚が動きだします。生き物のやくどうを感じさせます。

あなたはよく
頑張《がんば》っています…
大地《だいち》も
ほめてるなぁ

寒の戻り
（かんのもどり）

意味 立春を過ぎてようやく春めいてきたころ、再びぶり返す寒気のこと。

花冷え
（はなびえ）

意味 桜がさいて、もうすっかり春になったと思っていたら、思いがけなくおとずれる寒さのこと。

使い方 花冷えの日が続きますが、お元気ですか。

雪の果
（ゆきのはて）

意味 降りじまいの雪のこと。春になって降る最後の雪。「名《な》残《ごり》の雪」とも。

春の炉
（はるのろ）

意味 冬ほどではないけれど、ほんのりと火《ひ》の気《け》を漂《ただよ》わせた暖《だん》炉《ろ》やストーブなどのこと。

〈解説〉冬の名残のような春の炉は、過ぎゆく季節を感じさせます。

蛙の目借り時

（かわずのめかりどき）

意味

春も深まり、人は眠《ねむ》くてたまらなくなるころのこと。

〈解説〉

カエルが人の目を借りてゆくからという俗《ぞく》説《せつ》にもとづいたものです。春は、カエルの恋《こい》の季節であり、相手を求めてしきりに鳴き立てるため、「目借る」とは本来「妻狩《めか》る」であるともいわれます。

あったかいと…
眠《ねむ》たくなっちゃう
よね～…

雀隠れ

（すずめがくれ）

意味

春になって萌《も》えだした草が生長して、ようやく雀の姿を隠すほどにのびたさまをいう。

〈解説〉

「雀隠れ」という言葉は、草に限らず木の芽や葉の場合にも使われており、春もたけなわになって、雀の体がかくれるほどに草木が生長したことをいいます。

雀は春に子育てをします。「雀の子」も春の季語です。雀の子の成長と草木の生長で、どちらが早く大きくなるか競争ですね。

なんだそりゃ！！
ちゅんちゅん

摘草

（つみくさ）

意味　春、野に出かけ、新しく萌《も》えでた若草をつむこと。

麦踏

（むぎふみ）

意味　麦の芽やその根を踏むこと。

〈解説〉麦の芽がのびすぎないように、また根はりをよくするために行います。

蕨狩

（わらびがり）

意味　春になって、野山に出てくるわらびをつみに出かけること。つんだものは食材として使われる。

〈解説〉他にも食べられる山菜《さんさい》はいろいろありますが、「狩《かり》」がつくものは他にはありません。

山笑う

（やまわらう）

意味 山が春の花や新芽で明るく色づく様子。

〈解説〉春の山は桜がさき、鳥が歌い、霞《かすみ》がたなびきます。まるで冬にねむっていた山が目を覚まし、朗《ほが》らかに笑い始めるようですね。

下萌

（したもえ）

意味 早春、大地から草の芽が萌《も》えでること。またはその芽のこと。

踏青

（とうせい）

意味 春、芽生えた青草をふみながら、野山を散策《さんさく》すること。

〈解説〉もとは中国の風習。現代では、ピクニックと同じく、春の行楽《こうらく》の意味で使われます。

花あかり

（はなあかり）

意味 花がさき乱れて、夜でもあたりが明るく感じられること。特に桜の花を表して使う。

…これって元《もと》に戻《もど》るんですかねえ
その内《うち》戻《もど》るんじゃね？

逃げ水

（にげみず）

意味 よく晴れた日、路上に水たまりのようなものが見え、近づくと遠ざかってしまう現象のこと。

〈解説〉蜃気楼《しんきろう》の一種で、「地鏡《ちかがみ》」ともよばれます。

この色《いろ》は初《はじ》めてなんだよ

花衣

（はなごろも）

意味

花見に行くときに女性が着る晴れ着のこと。

〈解説〉350年くらい前の元禄《げんろく》のころ、豪《ごう》華《か》な花見小袖《こそで》を着ることが流行しました。

花守

（はなもり）

意味

花を守る人。花の世話をし、見張りをする花の番人のこと。

花筵

（はなむしろ）

意味

❶さきほこっている花の下や、まい散る花の下での宴席《えんせき》に使う筵のこと。

❷草花などが一面にさきそろった様子。

花筏

（はないかだ）

意味

筏のように連なって流れる、水面に散った桜の花びらのこと。

花曇り

（はなぐもり）

意味　桜がさくころの曇り空のこと。

〈解説〉この時期の少しすっきりしない空模様を表します。

虫出しの雷

（むしだしのかみなり）

意味　立春（二月四日ごろ）の後、初めて聞く雷。

〈解説〉春のおとずれを知らせ、虫たちを目覚めさせると考えられています。

桜隠し

（さくらかくし）

意味 春、桜の花のさいたときに降る雪のこと。

〈解説〉白い雪によって、桜の花が隠されてしまうことからこう呼ばれます。

朧月

（おぼろづき）

意味 春の月のなかでも特にぼんやりとにじんで見える月のこと。

〈解説〉月光が薄雲《うすぐも》や靄《もや》にさえぎられ、かすんでいます。

行く春

（ゆくはる）

意味 過ぎ去ろうとする春。

〈解説〉去りゆく春を旅人になぞらえた表現です。

春愁

（しゅんしゅう）

意味 春に感じる物憂《ものう》い思い。

〈解説〉草が萌《も》え花がさく、生気あふれる春だからこそ、そこはかとない愁《うれ》い、哀《かな》しみを感じられることもあるのです。

春の二十四節気《せっき》

立春
（りっしゅん）

意味

春の最初の節気。二月四日ごろ。春の初めの日。

雨水
（うすい）

意味

春の二番目の節気。二月十六日ごろ。雪が雨に変わるころ。

啓蟄
（けいちつ）

意味

春の三番目の節気。三月六日ごろ。冬ごもりしていた虫たちが地上に姿を現すころ。

春分
（しゅんぶん）

意味

春の四番目の節気。三月二十一日ごろ。春が半分すぎ、昼と夜がほぼ同じ時間になる日。

清明
（せいめい）

意味

春の五番目の節気。四月五日ごろ。日本列島の南半分では桜がさき、春たけなわのころ。

穀雨
（こくう）

意味

春の最後の節気。四月二十日ごろ。穀物《こくもつ》の種子が雨にうるおって芽を出すころ。

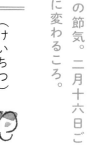

CHAPTER

2

夏

涼しいをどうぞ

夏の日差しや青々とした緑、
夕暮れ時の涼しさを感じる言葉を集めました。

おはよ〜！
あのね、これ
涼《すず》しいんだよ
持《も》ってって〜！！

風薫る

（かぜかおる）

意味

夏、ふきわたるやわらかな南風を「薫《かお》る」ととらえて、美しい夏を賛《さん》美《び》する言葉。

〈解説〉

「風薫る五月」という言葉があるように、初夏の五月ごろに、ふさわしい夏の季語です。風は季節によって、春は「風光る」、夏は「風薫る」、秋は「風白し」、冬は「風凍《こお》る」といいます。季節の雰囲気《ふんいき》をよく表していますね。

最近《さいきん》なんだか
夏《なつ》の匂《にお》いがするね～

五月雨

（さみだれ）

意味

❶梅雨《つゆ》の時期に降り続く雨のこと。

❷断続的にいつまでもだらだらと続くことのたとえ。

使い方 五月雨式のご連絡で失礼いたします。

〈解説〉

旧暦《きゅうれき》五月ごろに降るため「五月雨」とよびます。五月雨は田植えどきの雨であり、稲《いな》作《さく》にとって重要な雨です。「梅雨」と同じ意味ですが、日常生活では「五月雨」とは言わず、「梅雨」と言います。

菖蒲湯

（しょうぶゆ）

意味

五月五日、端午《たんご》の節句《せっく》に、菖蒲《しょうぶ》の葉を湯船《ゆぶね》にひたして入浴《にゅうよく》すること。

使い方

端午の節句には、菖蒲湯につかる慣《なら》わしがあります。

〈解説〉

菖蒲の葉は、緑が濃《こ》く青くさいにおいがあります。菖蒲の力によって、心身を清め邪《じゃ》をはらい、流行《はや》り病《やまい》にかからないといわれています。

蝉時雨

（せみしぐれ）

意味

多くのセミがいっせいに鳴いている様子を、時雨《しぐれ》にたとえたもの。

使い方

公園は蝉時雨に包まれて、友達が呼ぶ声も聞こえないほどです。

〈解説〉

セミのオスは腹部にある発音器を使い鳴きますが、メスは発音器がないので鳴きません。鳴いているのはオスだけです。

今日《きょう》ずーっと
セミの声《こえ》
聞《き》こえてたね〜
ジ〜ッ カナカナ
ジ〜ッ… カナカナカナ…
るるてあ

夏木立

（なつこだち）

意味 夏になって、枝をのばし青葉をしげらせた木々のこと。

〈解説〉「夏木」といえば一本をさします。

草いきれ

（くさいきれ）

意味 夏の日が照りつけて、しげった草がむんむんとした湿気《しっけ》とにおいを放つこと。

〈解説〉「いきれ」とは、蒸《む》れるような熱気を意味します。

山滴る

（やましたたる）

意味 みずみずしく生気あふれる夏山をたたえる表現。

〈解説〉若葉や青葉でおおわれた山は、緑が滴《したた》るように見えます。

麦の秋

（むぎのあき）

意味 五月下旬ごろの初夏、麦が実って黄色くなり、刈《か》り入れ間際《まぎわ》のころのこと。

〈解説〉ここでの「秋」は季節を表すのではなく、「稲《いね》の秋」にならって「収穫《しゅうかく》の時期」を表しています。

蛍狩

（ほたるがり）

意味 夏の夜、水辺でホタルを採る遊び。

〈解説〉紅葉《もみじ》狩《がり》という言葉と同じで、ホタルが放つ幻想的な光を鑑賞《かんしょう》して楽しむことをいいます。

紫陽花

（あじさい）

意味 アジサイ科の落葉低木。

〈解説〉梅雨《つゆ》入りからさき始め、梅雨明けとともに花の時期が終わります。

空蝉

（うつせみ）

意味 セミのぬけがらのこと。

〈解説〉成長したセミが脱皮《だっぴ》した後の殻《から》は、空っぽでむなしい状態を表しています。

清水

（しみず）

意味 地中からわき出る清らかな澄《す》んだ水。

〈解説〉泉《いずみ》に対して、清水は水の清らかさに重きを置いた言葉です。

万緑

（ばんりょく）

意味 見わたす限りすべてが緑、真夏の草木のさかんなさま。

青田

（あおた）

意味 田植えがすみ、苗《なえ》がのびて徐々《じょじょ》に青々としてきた田のこと。

〈解説〉夏の日本を代表する美しい田園風景の一つです。

青梅

（あおうめ）

意味 熟《じゅく》す前の青緑の梅の実のこと。

〈解説〉梅の実は六月の梅雨《つゆ》のころにふくらみ、やがて黄色く熟してあまずっぱい香りを放ちます。

灼く

（やく）

意味　灼熱《しゃくねつ》の太陽から直接伝わる熱によって、あらゆるものが灼《や》けるような感じがすること。

使い方　真夏の太陽が肌を灼きます。

〈解説〉
日盛《ひざか》りの浜辺や岩場、ほそうした道路などは、素足ではとても歩けないほど熱くなり、手すりに触ろうとするとやけどをしそうになります。

打水

（うちみず）

意味

夏の暑さ、ほこりっぽさをしずめるために、昼や夕方に門前や庭、路地、店先などへ、バケツや柄杓《ひしゃく》、ホースなどで水をまくこと。

使い方

打水したら、ずいぶん涼しくなりましたね。

〈解説〉

水を打つことで、地が清められ、ひんやりと涼感《りょうかん》が立《た》ち上《のぼ》り、庭木は生き生きとした緑の美しさを取りもどします。

くせになる楽《たの》しさ〜

夕凪

（ゆうなぎ）

意味　夏の夕方に起こる、海風がおさまり波のおだやかな状態。

〈解説〉海岸では、夕方になると陸地と海上との温度差がなくなり、無風の状態になります。

赤富士

（あかふじ）

意味　富士山《ふじさん》が朝日を浴びて真っ赤にそまる現象。夏の早朝の光景。

潮騒

（しおさい）

意味　潮《しお》の満ちてくるときに、波が音を立ててさわぎ立つこと。また、その音。

白南風

（しろはえ）

意味
梅雨《つゆ》が明けるころ、夏空が明るく晴れわたり、南東方向からふいてくるさわやかな季節風のこと。

涼
涼《すず》しくしてえら〜い！
滅《ほろ》びの風《かぜ》をくらえ！
（パタパタするよ〜）

涼風

（すずかぜ）

意味
夏、蒸《む》し暑《あつ》さにたえていると、どこからかふいてくる涼しい風のこと。

旱星

（ひでりぼし）

意味
南の空にかがやく一等星、サソリ座の赤いアンタレスや、牛《うし》飼《かい》座のオレンジ色のアルクトゥルスなど。

〈解説〉雨が降らない天気のよい日が続くと見られることから「旱星」と呼ばれるようになりました。

短夜

（みじかよ）

意味
短い夏の夜のこと。

〈解説〉夏至《げし》は最も短く、東京近辺では朝四時ごろから夜が明け始めます。

あのね、
いつも
ありがとう
るるてあ。

遠花火

（とおはなび）

意味 遠くで打ち上げられた花火のこと。

〈解説〉夏の夜空にさく大輪の花は、暑さを忘れるほどの美しさです。

夕涼み

（ゆうすずみ）

意味 夕暮れに縁《えん》台《だい》にすわって将《しょう》棋《ぎ》をさすなど、夏の暑さからのがれて、屋外や水の近くに涼《りょう》を求めること。

暑気払い

（しょきばらい）

意味 猛《もう》暑《しょ》につかれた体をいやしたり、薬を飲んでつかれをしのごうとしたりすること。

夕端居

（ゆうはしい）

意味 夏の夕方に室内の暑さを避けて涼を求めて縁《えん》側《がわ》や窓辺に出てくつろぐこと。

夏衣

（なつごろも）

意味

夏に着るうすくてすずしい衣服。おもに細い糸で織った木綿《もめん》や麻《あさ》などを使ったもののこと。

君《きみ》は浴衣《ゆかた》？
じんべー？

夏掛け

（なつがけ）

意味

夏の夜、ねるときに身体にかける、うすいかけぶとんやタオルケットのこと。

日傘

（ひがさ）

意味

強い日差しをさけるために使う傘。

〈解説〉江戸《えど》時代には紙を張った日傘が流行したとか。

ククク…
闇《やみ》を手《て》に入《い》れたぞ
（日陰《ひかげ》できた！）

風鈴（ふうりん）

意味 金属《きんぞく》、陶器《とうき》、ガラス、貝殻《かいがら》などでつくられた鈴。

〈解説〉風通しのよいところにつるし、その音色に涼気《りょうき》を楽しみます。

蚊遣火（かやりび）

意味 蚊《か》取《と》り線香《せんこう》のこと。木片《もくへん》や若葉などをいぶしてけむりを立て、蚊《か》を寄せつけないようにするもの。

走馬灯（そうまとう）

意味 影絵《かげえ》のしかけをした回《まわ》り灯籠《どうろう》。

〈解説〉筒《つつ》の内側にはった切り絵が、ろうそくの火で外わくの紙に影絵として映る、照明用玩具《がんぐ》です。

蚊帳（かや）

意味 夜ねるときに、蚊にさされるのを防ぐために部屋につるすもの。

夏の二十四節気《せっき》

立夏

（りっか）

意味

夏の最初の節気。五月五日ごろ。夏の初めの日。

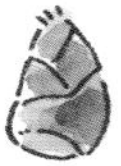

小満

（しょうまん）

意味

夏の二番目の節気。五月二十一日ごろ。草木が生《お》い茂《しげ》ってあたりに満ち始めるころ。

芒種

（ぼうしゅ）

意味

夏の三番目の節気。六月五日ごろ。稲の種をまくころ。

夏至

（げし）

意味

夏の四番目の節気。六月二十一日ごろ。一年のうちで最も昼が長く夜が短い日。

小暑

（しょうしょ）

意味

夏の五番目の節気。七月七日ごろ。梅雨《つゆ》が明けて、本格的に暑くなるころ。

大暑

（たいしょ）

意味

夏の最後の節気。七月二十三日ごろ。厳しい暑さが続く盛夏《せいか》のころ。

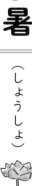

CHAPTER 3

秋

だんだん寒くなってきたね

秋の澄《す》んだ空気や、少しずつ深まる夜をうっとり味わえる言葉を集めました。

君《きみ》が今年《ことし》の秋《あき》を楽《たの》しく過《す》ごせますように〜！

実りの秋
（みのりのあき）

意味
秋は穀物《こくもつ》や果物など、たくさんの収穫《しゅうかく》がある季節だということを意味する言葉。

使い方
金色にかがやく田んぼを見て、実りの秋を実感する。

〈解説〉
秋にとれるおいしそうな米や果物、きのこたちを目の前にすると、思わずこの言葉を言ってみたくなりますね。

野分（のわき）

意味 秋にふく、野の草をふき分けるほどの強風のこと。

〈解説〉

秋といえば、台風のシーズンです。野分は、まさに台風のことを指しています。一面の草原の草を、台風の強い風がおしたおしてしまう様子が、ありありと想像できますね。

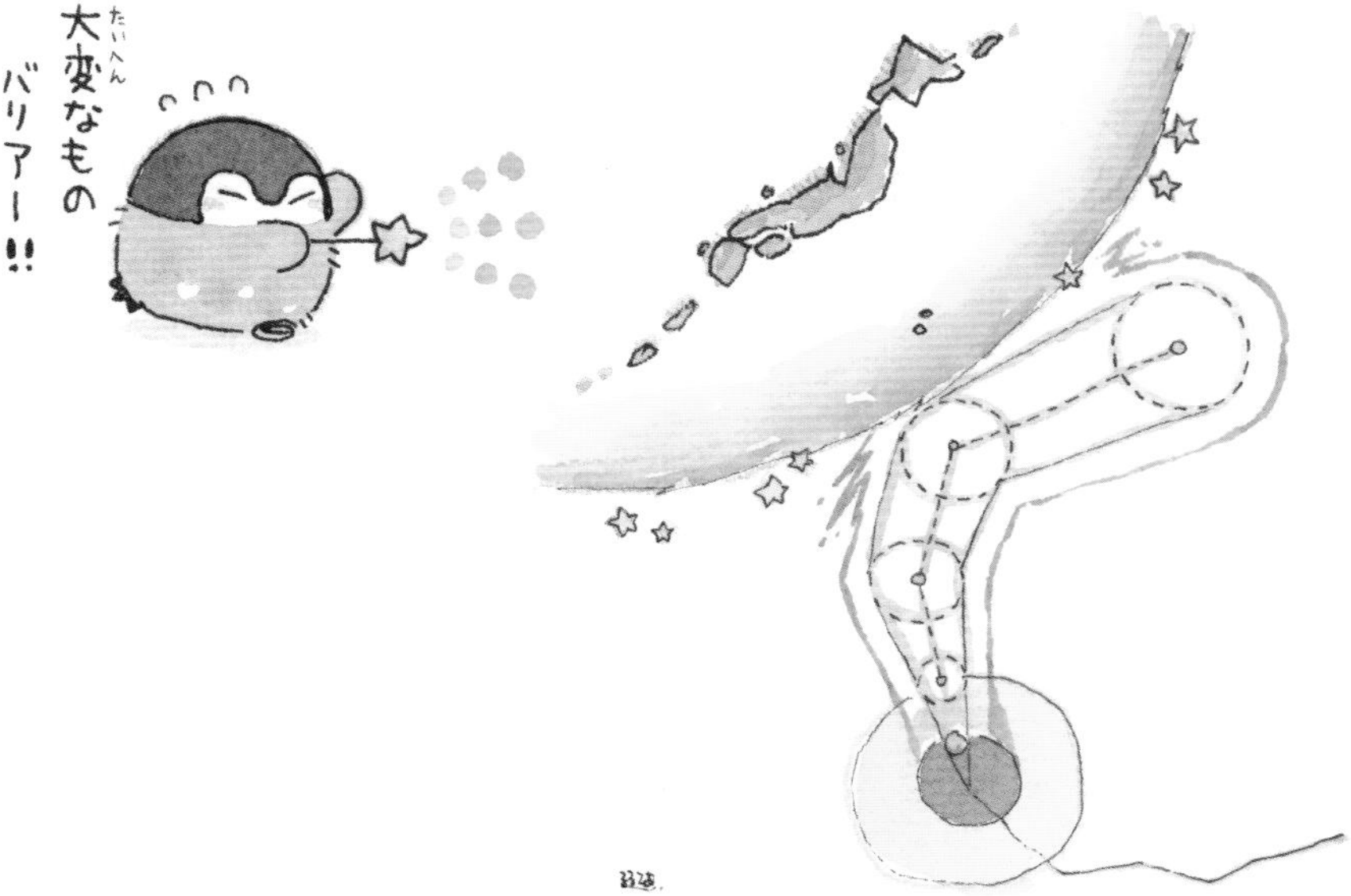

涼風至る（りょうふう いたる）

意味 二十四節気《せっき》の立秋《りっしゅう》からの約五日間を指す言葉で、このころすずしい風がふき始めるという意味。

秋澄む（あきすむ）

意味 秋の澄み切った空気のこと。

〈解説〉秋の澄み切った気持ちのよい様子を表す言葉です。

秋麗（あきうらら）

意味 秋晴れの日の、心地よいのどかな気候のこと。

〈解説〉春ののどかさを表す言葉、「春麗《はるうらら》」に対して、さわやかな秋晴れの一日をほめたたえる言葉です。

秋寂び（あきさび）

意味 秋が深まって周りがものさびしい様子のこと。

桐一葉

（きりひとは）

意味

桐の葉一枚が落ちるのを見て、秋になったと感じること。

天高し

（てんたかし）

意味

空気が澄んだ秋は、空が高く感じられるということ。

馬肥ゆ

（うまこゆ）

意味

秋は馬が厳しい冬に備えて太るということ。

〈解説〉「天高く馬肥ゆる秋」という、秋の過ごしやすさをたたえることわざがあります。

八朔

（はっさく）

意味

旧暦《きゅうれき》八月一日のこと。

〈解説〉朔《さく》は「一日《ついたち》」のこと。柑橘類《かんきつるい》の「はっさく」の名は、この言葉に由来するといわれます。

秋の声（あきのこえ）

意味

風や葉の音など、秋のものさびしさを感じさせる音。

山粧う（やまよそおう）

意味

秋になって山の木々が紅葉して色づく様子を表す言葉。

釣瓶落とし（つるべおとし）

意味

秋の日は、まるで釣瓶を井戸に落としたように、はやく落ちていくということ。「秋の日は釣瓶落とし」とも。

星月夜（ほしづきよ）

意味

月がないのに、星の光で月夜のように明るいこと。秋の季語。

待つ宵（まつよい）

意味

❶ 旧暦《きゅうれき》八月十四日の夜のこと。また、その夜の月。翌日の十五夜の月を待つことから。

❷ 来ることになっている人を待つ夜のこと。

仲秋の名月（ちゅうしゅうのめいげつ）

意味

旧暦《きゅうれき》の八月十五日の月のこと。また、その日に月見をすること。十五夜。

〈解説〉仲秋とは、旧暦の八月のことです。旧暦では満月が出るのは十五日の夜です。

秋の灯（あきのひ）

意味

秋の夜にともす明かり。

渡り鳥
（わたりどり）

意味
季節によって、決まって移動する鳥のこと。

〈解説〉渡り鳥には、春にやってくる夏鳥と、秋にやってくる冬鳥がいますが、秋の季語としては、秋に北から飛来する冬鳥のことを指します。

色鳥
（いろどり）

意味
主に秋に日本にわたってくる小鳥のこと。

別れ鳥
（わかれがらす）

意味
子鳥《こがらす》が独り立ちして親鳥と別れること。

〈解説〉群れをつくる鳥は、巣立った後も親鳥といっしょにいるために、親子の情愛が深いといわれていました。そんな鳥が秋になって別れる様子に哀《あわ》れを感じ、秋の季語になったといいます。

君《きみ》といるから
ごきげん！

鰯雲（いわしぐも）

意味　巻《けん》積《せき》雲《うん》の別名。いわしが群れているように見えることからこの名がついた。

〈解説〉羊雲、うろこ雲などとも呼ばれ、秋の代表的な雲の一つです。

秋彼岸（あきひがん）

意味　秋分《しゅうぶん》の日を中日とした、前後三日ずつを合わせた一週間。

竹の春（たけのはる）

意味　旧暦《きゅうれき》八月のこと。

〈解説〉旧暦八月になると、竹の葉が青々としげることが言葉の由来です。

竜田姫（たつたひめ）

意味　秋をつかさどる女神《めがみ》。

紅葉狩

（もみじがり）

意味

紅葉の美しさを見て楽しむために、野山などに行くこと。紅葉だけでなく、赤や黄色に色づいて落葉する木々すべてが、紅葉狩の対象。

〈解説〉

紅葉狩は、奈良《なら》・平安《へいあん》時代の貴族の間で始まったものだといわれています。江戸《えど》時代になって、秋の楽しみとして、庶民《しょみん》の間にも広まりました。鑑賞《かんしょう》するだけなのに、なぜ「狩」というのかは、よくわかっていません。

夜なべ

（よなべ）

意味 夜中に家事や仕事を行うこと。

使い方 昨晩は夜なべして誕生日のデコレーションケーキを作った。

〈解説〉

「徹夜で仕事をする」と言うよりも、がんばった感が強い言い方かもしれません。ちなみに「夜なべ」の語源は、夜に鍋《なべ》をつつきながら仕事をしたことだとか。

そぞろ寒（そぞろざむ）

意味 何となく寒いこと。秋の季語。

使い方 冬が近づいたのか、最近朝がそぞろ寒い。

うそ寒（うそさむ）

意味 うっすらと寒いこと。秋の季語。

〈解説〉うそは、「嘘」ではなく、「薄」。つまり「うっすら」という意味です。

邪《よこシマ》エナガちゃん！
あれ見《み》て〜
ミノムシだ
よく見《み》つけたな

夜長

（よなが）

意味 夜が長いこと。

使い方 秋の夜長に読書を楽しむ。

冬隣

（ふゆどなり）

意味 冬がすぐ近くにせまっている晩秋のこと。

秋の二十四節気《せっき》

立秋（りっしゅう）

意味

二十四節気の一つ。八月七日ごろ。暦《こよみ》の上で、秋の始まりの日。

処暑（しょしょ）

意味

二十四節気の一つ。八月二十三日ごろ。厳しい暑さが終わるころ。

白露（はくろ）

意味

二十四節気の一つ。九月七日ごろ。草木や花に露《つゆ》が降りるころ。

秋分（しゅうぶん）

意味

二十四節気の一つ。九月二十三日ごろ。昼と夜がほぼ同じ時間になる日。

寒露（かんろ）

意味

二十四節気の一つ。十月八日ごろ。冬が近づき、露が霜《しも》になりそうな寒さのころ。

霜降（そうこう）

意味

二十四節気の一つ。十月二十三日ごろ。寒さが増して、霜が降りるころ。

CHAPTER 4

冬

きみといれば あたたかい

冬の冴《さ》えわたる空気を感じる凛《りん》とした言葉や、寒さの中でもほっとあたたまる言葉を集めました。

山眠る（やまねむる）

意味 冬の山が、しんと静まり返っている様子。

冬ざれ（ふゆざれ）

意味 冬の、草木がかれてあれ果てた、ものさびしい様子。

〈解説〉「冬になる」という意味の「冬さる」が変化してできた言葉です。この「さる」は「去る」ではなく、「移動する」という意味です。

悴む（かじかむ）

意味 寒さで手足がこごえてうまく動かなくなる。

使い方 手が悴んで、ボタンがうまくとめられない。

小春日和（こはるびより）

意味 冬の初めごろの、おだやかで暖かい気候。

寒復習

（かんざらい）

意味

琴《こと》や三味線《しゃみせん》などの芸事の練習方法の一つで、寒い冬の朝早くに朝げいこをすること。「寒ざらえ」とも。

〈解説〉

「復習」と書いて「さらい」。つまり、「おさらい」のことですね。まだ夜の明けきらない厳しい寒さの中、これまで習ってきたことを何度も復習することで、技術的にだけでなく、精神的にも成長しそうです。

練習《れんしゅう》してえらい！

凍土

（いてつち）

意味

寒い冬に、土の中の水分がこおって、地面そのものがこおりつくこと。

使い方

冬の朝、寒さにこごえながら凍土をふみしめる。

〈解説〉

寒い地方の人は、凍土の上を歩く経験をすることが多いのではないでしょうか。凍土という言葉だけでも、冬の厳しさがわかりますね。

冬深む

（ふゆふかむ）

意味　一年の中で、寒さが最も厳しい時期のこと。

使い方　冬深むこの時期、温かいスープを飲むとほっとする。

〈解説〉冬が深まって寒さが厳しくなると、温かい食べ物がよりいっそうおいしく感じられますね。

春待つ

（はるまつ）

意味

暖かい春を待ちわびること。

〈解説〉

日本最古の歌集「万葉集《まんようしゅう》」に、「百済野《くだらの》の萩《はぎ》の古枝《ふるえ》に春待つと居りしうぐいす鳴きにけむかも（百済野の萩の古い枝で春を待っていたうぐいすはもう鳴き始めただろうか）」という歌があります。千年以上も昔から、日本人にとってうぐいすは春を感じさせる鳥だったんですね。

初雪（はつゆき）

意味　その冬になって初めて降る雪。

雪催い（ゆきもよい）

意味　今にも雪が降ってきそうな天候。

〈解説〉今は「雪模様《ゆきもよう》」というほうが多いかもしれません。よく誤解《ごかい》されますが、「雨模様」「雪模様」は本来、雨や雪がまだ降っていない、降りそうな空の様子を表す言葉です。

風花（かざはな・かぜはな）

意味　晴れ間に、風にふかれて舞《ま》うように降る雪。

雪時雨（ゆきしぐれ）

意味　初冬に降る、雪まじりの雨のこと。

使い方　雪時雨の中、駅まで歩いた。

寒《さむ》い日《ひ》は厚着《あつぎ》をするといいんだよ

昴

（すばる）

意味 おうし座にあるプレアデス星団の和名。

〈解説〉冬の夜空の代表的な天体で、肉眼では六つの星に見えることから「六連星《むつらぼし》」とも。

冬三日月

（ふゆみかづき）

意味 冬の寒空の中に見える三日月。さえざえとしたするどい印象をあたえる。

天狼

（てんろう）

意味 おおいぬ座のシリウスのこと。

〈解説〉冬の夜空にかがやく恒星《こうせい》の中で最も明るい星です。オリオン座のベテルギウスと、こいぬ座のプロキオンとともに「冬の大三角」を形成します。

冬銀河（ふゆぎんが）

意味
冬の夜空にかかる天の川のこと。

〈解説〉澄《す》んだ空気の中、さえざえしくきらめく天の川には、凛《りん》とした美しさが感じられます。

冬籠（ふゆごもり）

意味
冬の間、寒さをさけるために、人や動物が家の中や巣あな、土の中などにこもること。

忘れ花（わすればな）

意味
本来春にさく花が、冬にさくこと。

使い方
小春《こはる》日和《びより》の中、タンポポの忘れ花を見た。

名残の空（なごりのそら）

意味
❶大みそかの空。
❷名残をおしみながらだれかと別れるときの空。

初氷

（はつごおり）

意味 冬になって初めて張った氷。

木枯らし

（こがらし）

意味 秋の終わりから冬の初めにかけての時期に吹く冷たい風。

〈解説〉木を枯《か》らすような冷たい風は、冬のおとずれを感じさせます。

冬の雷

（ふゆのらい）

意味 冬に鳴る雷《かみなり》。

〈解説〉冬に雷が鳴るのは、日本の日本海側とノルウェーでしか見られないめずらしい現象です。

冬の海

（ふゆのうみ）

意味 寒い風や冷たい波がおし寄せる、寒々としてさびしい海の様子。

冬凪（ふゆなぎ）

意味 冬の波のおだやかな海。

〈解説〉冬の海は、あれることが多いですが、その合間にふと風がやんでおだやかになった海の様子です。

垂り（しずり）

意味 木や軒《のき》に降り積もった雪が、地面にすべり落ちること。また落ちたその雪。

〈解説〉屋根から積もった雪が落ちる垂《しず》りは、北国ではとても危険なことでもあります。

鐘氷る（かねこおる）

意味 冬の寒い夜、鐘《かね》の音《ね》が寒々と鳴りひびく様子。

虎落笛（もがりぶえ）

意味 激しい風が、竹《たけ》垣《がき》などに当たって出すヒューヒューヒューという笛のような音。

とても
幸《しあわ》せです…

煮凝り（にこごり）

意味 煮《に》魚《ざかな》などの煮《に》汁《じる》が冷え固まって、ゼリーのようになったもの。

湯たんぽ（ゆたんぽ）

意味 容器にお湯を入れて、手や足を温めるもの。

〈解説〉お湯を入れて温める湯たんぽは伝統的な保温器具としては、火を使う行《あん》火《か》よりも安全です。

日向ぼっこ（ひなたぼっこ）

意味 冬に日《ひ》向《なた》で日の光を浴びて温まること。

春近し（はるちかし）

意味 寒さが落ち着き、春のおとずれが近いと感じること。

〈解説〉「春待つ」のように、春を待ちわびる気持ちは込められていません。

冬の二十四節《せっ》気《き》

立冬

（りっとう）

意味

二十四節気の一つ。十一月七日ごろ。暦《こよみ》の上で、冬の始まりの日。

小雪

（しょうせつ）

意味

二十四節気の一つ。十一月二十二日ごろ。雪が降り始めるころ。

大雪

（たいせつ）

意味

二十四節気の一つ。十二月七日ごろ。雪が本格的に降り始めるころ。

冬至

（とうじ）

意味

二十四節気の一つ。十二月二十二日ごろ。一年で最も昼の時間が短い日。

小寒

（しょうかん）

意味

二十四節気の一つ。一月五日ごろ。「寒の入り」ともいい、ますます寒さの厳しくなるころ。

大寒

（だいかん）

意味

二十四節気の一つ。一月二十日ごろ。一年で最も寒さの厳しいころ。

CHAPTER 5

自然

自然はいいものだなあ

時の移り変わりや万物の美しさを繊細《せんさい》に表す、
日本古来の言葉を集めました。

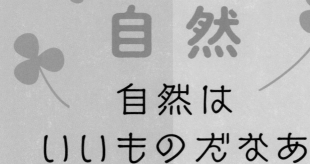

煙る

（けぶる）

意味

❶雨や霧《きり》、霞《かすみ》などで辺りがぼんやりする。

❷新芽や若草が出て、かすんだように見える。

❸煙がさかんに出たり、辺り一面に広がったりする。

使い方

朝もやに煙る山。

〈解説〉

朝もやの中にうっすらと見える景色は、おもむき深さや神秘《しんぴ》的な雰囲気《ふんいき》を感じさせますね。

そういうときも
あるよね〜

泡沫（うたかた）

意味

❶水に浮かぶ泡《あわ》。

❷消えやすくはかないもののたとえ。

〈解説〉

水面に浮かぶ泡沫《うたかた》は、いずれははじけてしまう運命にあるもの。「泡沫の夢」「泡沫の恋《こい》」といった言い方には、ちょっぴりせつない気持ちが込められているようにも感じます。

終日

（ひねもす）

意味

朝から夜まで。一日中。

昼下がり

（ひるさがり）

意味

正午を過ぎたころから、だいたい午後二時ごろまで。

使い方

昼下がりのうたた寝《ね》。

麗か

（うららか）

意味

空が晴れて、ひざしののどかな様子。

使い方

麗かな昼下がり。

曙

（あけぼの）

意味

❶夜が明け始めるころ。

❷新しい時代や事態が始まること。

暁

（あかつき）

意味

太陽の上り始める前のなんとなくほの暗いころ。夜明け前。

東雲

（しののめ）

意味

❶夜が明けて、空が東からじょじょに明るくなること。

❷明け方に、東の空にたなびいている雲。

朝ぼらけ

（あさぼらけ）

意味

夜が明けるころ。

〈解説〉曙《あけぼの》よりも少し明るいことをいいます。

星の宿り

（ほしのやどり）

意味 ❶星座のこと。❷朝廷《ちょうてい》の大臣《だいじん》や公卿《くぎょう》、殿上人《てんじょうびと》のこと。

〈解説〉中国から伝わった「星宿《せいしゅく》」の日本語読み。

可惜夜

（あたらよ）

意味 明けてしまうのが惜しい夜。何もしないで過ごすには惜しい夜。

夜の帳

（よるのとばり）

意味 夜の闇《やみ》を帳《とばり》（室内を仕切るたれ布）にたとえた言葉。

使い方 夜の帳が上がり、空が明るくなってきた。

ほうき星（ほうきぼし）

意味 彗星《すいせい》のこと。

〈解説〉彗星が長い尾《お》を引く様子が、ほうきに見えたことからこう呼ばれました。

暮れなずむ（くれなずむ）

意味 日が暮れそうで、なかなか暮れない様子。

たそがれ（たそがれ）

意味 ❶夕方のうす暗い時こく。❷さかんな時期を過ぎ、終わりに近づくころ。

〈解説〉日が暮れて薄暗くなって、相手の顔が見えにくく「誰そ彼」（あなたは誰ですか？）と問いかける時間帯であることから「たそがれ」になったと言われています。

かわたれ（かわたれ）

意味 ものがはっきり見分けられない、明け方のうす暗い時こく。

〈解説〉かわたれも「彼は誰」と、相手の顔が判断できないほどの暗さを表します。

木漏れ日（こもれび）

意味 木々のすき間から差しこむ日差しのこと。

遣らずの雨（やらずのあめ）

意味 帰ろうとする人をまるで引きとめるかのように降ってくる雨。

使い方 店を出るときに遣《や》らずの雨が降ったので、しばらく雨宿りをさせてもらった。

雨催い（あめもよい）

意味 雨の降りそうな空模様。雨模様。

〈解説〉「雪催《ゆきもよ》い」と同様、雨が降っているときには本来使わない言葉です。

村雨（むらさめ）

意味
強く降ったかと思えば、すぐにやんだり弱くなったりする雨。

天の原（あまのはら）

意味
❶広い空のこと。
❷日本神話の天上界（高天原《たかまがはら》）のこと。
❸「富士《ふじ》」にかかる枕詞《まくらことば》。

せせらぎ（せせらぎ）

意味
浅瀬《あさせ》を流れる水の音。小川。

使い方
せせらぎを聞きながら山道を歩いた。

まほろば（まほろば）

意味
すばらしい場所、住みやすい場所。

〈解説〉日本神話の英雄《えいゆう》ヤマトタケルの「大和《やまと》は国のまほろば」という言葉が有名です。

夏のおすすめ

爛漫

（らんまん）

意味

❶ 花がさき乱れている様子。
❷ 光りかがやいている様子。

玉響

（たまゆら）

意味

ほんの少しの間。しばらくの間。

〈解説〉もとは、古代のアクセサリーである勾玉《まがたま》が触れ合うかすかな音のことでした。

千五百秋

（ちいおあき）

意味

とても長い年月のこと。

〈解説〉千《ち》五《い》百《お》で、「とても多い数」という意味です。

静寂

（しじま）

意味

❶ 音がせず静かなこと。静寂《せいじゃく》。
❷ だまって何もいわないこと。

CHAPTER
6

気持ち：様子

きみに届くといいなあ

心の動きや様子をていねいに表す、
かわいらしくて上品な言葉を集めました。

面映ゆい

（おもはゆい）

意味　気はずかしい。照れくさい。きまりが悪い。

使い方　たくさんの人に注目されて面映ゆい気分だ。

〈解説〉もともと顔を合わせるとまぶしく感じるという意味。人に注目されると、周りがまぶしく感じて顔がほてり、とても正面を向いていられない気分になりますね。

やさしくして
えら〜い！
ククク…
嬉《うれ》しくなど
ない…
（うれし〜!!）

勿怪の幸い

（もっけのさいわい）

意味

予想していなかった幸運。

使い方

散歩をしていたら勿怪《もっけ》の幸い、欲しかったかばんが安売りしていた。

〈解説〉

もっけとは「物《もの》の怪《け》」のこと。超《ちょう》自然的なめぐり合わせによる幸運を感じたときなどに使うと、ぴったりする言葉かもしれません。

今日《きょう》は貴様《きさま》に良《よ》い事《こと》が起《お》こる！
…と、愚《おろ》かなる幼《おさな》き鳥《とり》が言《い》っていたぞ
ぼく！

ねー！
ホタルがいるよ
きれいだねー

恋の蛍（こいのほたる）

意味

こがれるほどの恋心《こいごころ》を、蛍の光にたとえた言葉。

恋衣（こいごろも）

意味

❶心から離れない恋心《こいごころ》を身につける衣にたとえた言葉。

❷恋をしている人の着ている衣。

恋の端（こいのつま）

意味

恋のきっかけ。

思い初める（おもいそめる）

意味

恋心を持ち始める。心にかけ始める。

使い方

今まで何とも思わなかった幼《おさな》なじみを思い初《そ》める。

ぼくからの大好《だいす》き、
あげるよ～！

花笑み

（はなえみ）

意味

❶ 花がさくこと。

❷ さいた花の様子を人の笑顔にたとえた言葉。

華やぐ

（はなやぐ）

意味

❶ 派手なふるまいをする。

❷ 陽気なふるまいをする。

❸ 華《はな》やかになる。

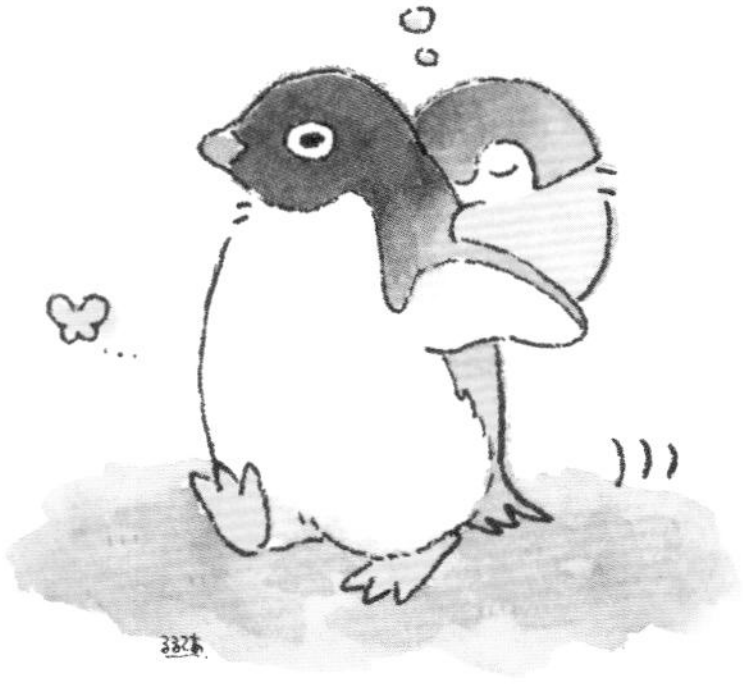

夢心地

（ゆめごこち）

意味

夢を見ているような、うっとりとした気持ち。あるいはぼんやりとした気持ち。

使い方

みんなにちやほやされて夢心地だ。

霧る（きる）

意味

❶ なみだが出て目の前がかすむ。
❷ 霧《きり》が立つ。かすむ。

泣《な》いちゃう時《とき》も
あるよね

時雨れる（しぐれる）

意味

❶ なみだが出てくる。涙を落とす。
❷ 時雨《しぐれ》が降る。

〈解説〉❷の意味で、冬の季語でもあります。

時雨心地（しぐれごこち）

意味

❶ なみだが出そうな気持ち。
❷ 時雨が降りそうな空模《も》様《よう》。

思いたわむ（おもいたわむ）

意味

気持ちがくじける。

〈解説〉「たわむ」だけでも、「気持ちがくじける」の意味になります。

君《きみ》のつらいの、
少《すこ》しずつとって
るから、
つらい
休《やす》んで
休《やす》んで〜!

心にかける（こころにかける）

意味
❶心配する。
❷忘れないようにする。

使い方
いつも心にかけてもらい、ありがとう。

思い種（おもいぐさ）

意味
❶心配のもと。
❷思い人。

よ〜し
よし
よし…
大丈夫《だいじょうぶ》だからね
しょんぼり

気が置けない（きがおけない）

意味
遠慮《えんりょ》がいらない。気づかいをする必要がない。

使い方
私たちは気が置けない間柄《あいだがら》です。

なかよくして
えら〜い！

恙ない

（つつがない）

意味
病気や事故などがなく平穏《へいおん》であること。

使い方
恙《つつが》なくお過ごしですか。

ひたむき

（ひたむき）

意味
そのことだけに熱中する様子。

使い方
ひたむきに仕事をする。

しゃかりき

（しゃかりき）

意味
熱中して何かに取り組む様子。

使い方
テスト前にしゃかりきに勉強した。

億劫

（おっくう）

意味
めんどうで何もする気になれない様子。

使い方
つかれて歩くのも億劫だ。

すごい！
はなまる！
えらい…
すごい！
わーい
ドキドキ

魂消る

（たまげる）

意味 とても驚く。

〈解説〉魂《たましい》が消えてしまうほどの驚きです。

色めく

（いろめく）

意味
❶緊張《きんちょう》した様子になる。
❷調子づく。
❸美しくかがやく。

早鐘を打つ

（はやがねをうつ）

意味 緊張や不安のために動悸が激しくなる。

はにかむ

（はにかむ）

意味 はずかしそうな表情や身ぶりをする。

〈解説〉もとは「歯に噛《か》む」で、歯が不ぞろいに生えるという意味の言葉だったといいます。

心延え

（こころばえ）

意味

❶思いやり。気づかい。

❷心の状態。気立て。

たおやか

（たおやか）

意味

❶ものごしや態度がやわらかいこと。気立てがやさしいこと。

❷姿かたちがしなやかでやわらかい様子。

おいらか

（おいらか）

意味

気持ちや態度が素直で穏《おだ》やかな様子。おっとりしている様子。

〈解説〉「穏やか」という意味の古語です。

奥ゆかしい（おくゆかしい）

意味　上品でつつしみ深い。

不束（ふつつか）

意味　気がきかず行きとどかないこと。

〈解説〉もとは「太束《ふとつか》」という言葉で、太くてじょうぶな様子を意味する言葉でしたが、平安《へいあん》時代に今のような意味になったといわれています。

はんなり（はんなり）

意味　明るくはなやかな様子。

〈解説〉有名な京言葉ですが、「たおやかな（ものごしや態度がしなやかでやさしい）様子」という意味にかん違いされることが多い言葉です。

面影（おもかげ）

意味

❶記憶の中に残っている顔立ちや姿。

❷昔を思い出させるもの。

君《きみ》は今日《きょう》も
はなまるなんだよー!
かいふく
まほう〜!
すごいなあ
そー!
おー
ククク…
起《お》きられ
たの?
えら〜い!
ふかふか
する〜
むりしなくて
えらい…!
ほめにきた!
お〜い!

円ら（つぶら）

意味

丸くてかわいらしい様子。小さくて丸い様子。

使い方

円らな瞳《ひとみ》のコウペンちゃん。

稚い（いとけない）

意味

幼《おさな》くあどけないこと。

使い方

稚い赤ちゃん。

幼気（いたいけ）

意味

幼くてかわいい様子。小さくてかわいらしい様子。

おしゃま（おしゃま）

意味

幼いのに大人びた言動をすること。また、そうした子どものこと。

一入

（ひとしお）

意味 いちだんと。一層《いっそう》。

〈解説〉染物《そめもの》を染料《せんりょう》に一回入れてひたすことで、一層色が濃《こ》くなる、というのが言葉の由来です。

ぽつねん

（ぽつねん）

意味 一人でさみしそうにしている様子。

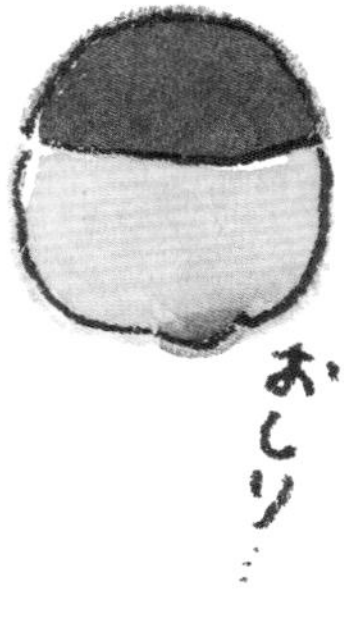
おしり…

おーっす
ちゃんと飯《めし》食《く》ってるかい？
肉《にく》じゃが＆ちょこっとお刺身《さしみ》定食《ていしょく》

塩梅

（あんばい）

意味 ものごとや体の調子。

〈解説〉もとは、料理の味つけの意味です。昔、塩と梅酢《うめず》で味つけをしていたことによります。

ほの見える

（ほのみえる）

意味 わずかに見える。

〈解説〉「ほの」は「少し」や「わずか」の意味です。

船を漕ぐ

（ふねをこぐ）

意味 居眠《いねむ》りをすること。

〈解説〉居眠りの様子が船を漕ぐのに似ているため。

だ…

余所行き

（よそゆき）

意味

❶ 外出するときの服。

❷ 外出すること。

一張羅

（いっちょうら）

意味

❶ 持っている中でいちばんよい服。

❷ 一枚しか持っていない服。

いい装備《そうび》だ
こんな姿《すがた》になる日《ひ》が来《こ》ようとは…

るるてあさんに聞く!

お気に入りの言葉

コウペンちゃんの生みの親・るるてあさんは、
これまでも四季折々の
コウペンちゃんたちを描かれてきました。
そこで、るるてあさんに
季節にまつわるお気に入りの言葉を聞きました。

立夏
（りっか）

春夏秋冬どの季節も好きですが夏が特に大好きなので、徐々に夏の気配が漂《ただよ》い始める立夏が好きです。また、二十四節気の中でも寒露《かんろ》と並んで過ごしやすい季節だと思います。

蟬時雨
（せみしぐれ）

真夏になると頭上からセミの鳴き声を浴びることがありますね。私にとって一年の中でも特に幸せな時間です。今は亡き祖母と夏の畦道《あぜみち》や神社を散歩した幼少期を想起させるからかもしれません。

夕涼み
（ゆうすずみ）

とても美しい言葉で子供のころからずっと気に入っています。夏の夕方、外の風に当たりながらスイカやアイスを食べるコウペンちゃんをよく描くのはこのためです。

索引

おわりに

コウペンちゃんと一緒にまなぶ日本の言葉の世界、お楽しみいただけたでしょうか。あなたのお気に入りの言葉は見つかったでしょうか。

「いいなあ」と思った言葉は、ぜひ心の片隅に留めておいてください。

美しいと感じた言葉を声に出して味わったり、だれかに思いをこめて伝えてみたりすることで、あなたの心はより一層彩りにあふれたものになるはずです。

そして、心や景色の繊細な移り変わりをとらえた日本語を知るほど、あなたの見ている世界も、豊かで奥行きのあるものになっていくことでしょう。

日本に伝わる美しい言葉は、コウペンちゃんたちのように、いつだってあなたの心を応援してくれる味方です。

あなたの心を温かくするとっておきの言葉が、この本を通して見つかることを願っています。

主な参考文献

編 角川書店　編集委員 茨木和生、宇多喜代子、片山由美子、高野ムツオ、長谷川櫂、堀切実
『新版　角川俳句大歳時記　春』角川書店、2022年

編 角川書店　編集委員 茨木和生、宇多喜代子、片山由美子、高野ムツオ、長谷川櫂、堀切実
『新版　角川俳句大歳時記　夏』角川書店、2022年

編 角川書店　編集委員 茨木和生、宇多喜代子、片山由美子、高野ムツオ、長谷川櫂、堀切実
『新版　角川俳句大歳時記　秋』角川書店、2022年

編 角川書店　編集委員 茨木和生、宇多喜代子、片山由美子、高野ムツオ、長谷川櫂、堀切実
『新版　角川俳句大歳時記　冬』角川書店、2022年

装丁　坂川朱音（朱猫堂）
本文デザイン　坂川朱音+小木曽杏子（朱猫堂）
執筆　あいげん社
校正　鷗来堂
組版　明昌堂

イラスト

るるてあ

イラストレーター。「朝おきれたの?すごーい!」など、なんでも肯定してくれるコウテイペンギンの赤ちゃん「コウペンちゃん」をX(旧Twitter)で発表して爆発的な人気を得る。フォロワーは41万人を超える(2024年1月現在)。著書に『コウペンちゃん』『もっと!コウペンちゃん』『とっても!!コウペンちゃん』(すべてKADOKAWA)、『コウペンちゃんの世界』(PARCO出版)等。

監修

金田一 秀穂
(きんだいち ひでほ)

言語学者。日本語学の権威である祖父・金田一京助氏、父・春彦氏に続く、日本語研究の第一人者。海外での日本語教育経験も豊富で、わかりやすく、かつ楽しく日本語を語る姿はメディアでもおなじみ。ハーバード大学客員研究員を経て、現在は杏林大学外国語学部名誉教授を務める。著書多数。

コウペンちゃんとまなぶ日本《にほん》の美《うつく》しい言葉《ことば》
2024年 3月 1日　初版発行

イラスト　るるてあ
監　修　金田一《きんだいち》 秀穂《ひでほ》
発行者　山下 直久
発　行　株式会社KADOKAWA
〒102-8177 東京都千代田区富士見2-13-3
電　話 0570-002-301(ナビダイヤル)
印刷所　図書印刷株式会社
製本所　図書印刷株式会社

●お問い合わせ
https://www.kadokawa.co.jp/(「お問い合わせ」へお進みください)
※内容によっては、お答えできない場合があります。
※サポートは日本国内のみとさせていただきます。
※Japanese text only

定価はカバーに表示してあります。

ISBN 978-4-04-606389-2　C0081